A Kalmus Classic Edition

D1708064

Gioachino

ROSSINI

PIANO WORKS
VOLUME I

K 02040

CONTENTS

Petit Caprice
(Style Offenbach)

GIOACHINO ROSSINI

Prélude Inoffensif
Péché de Vieillesse

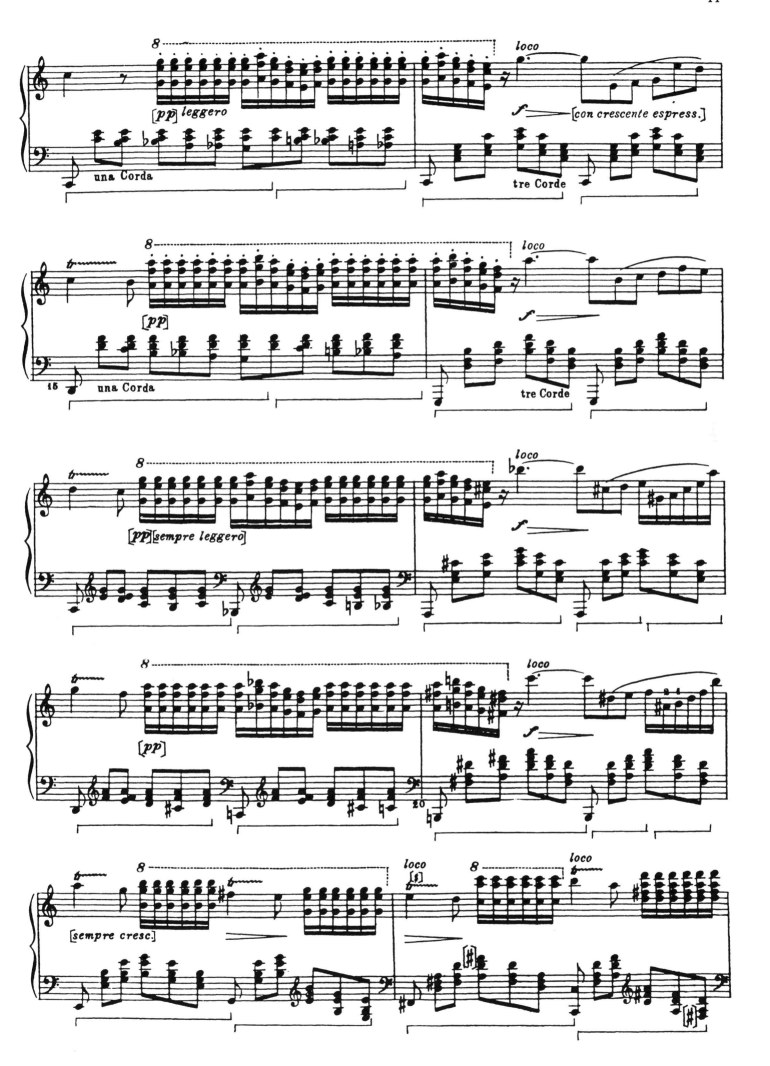

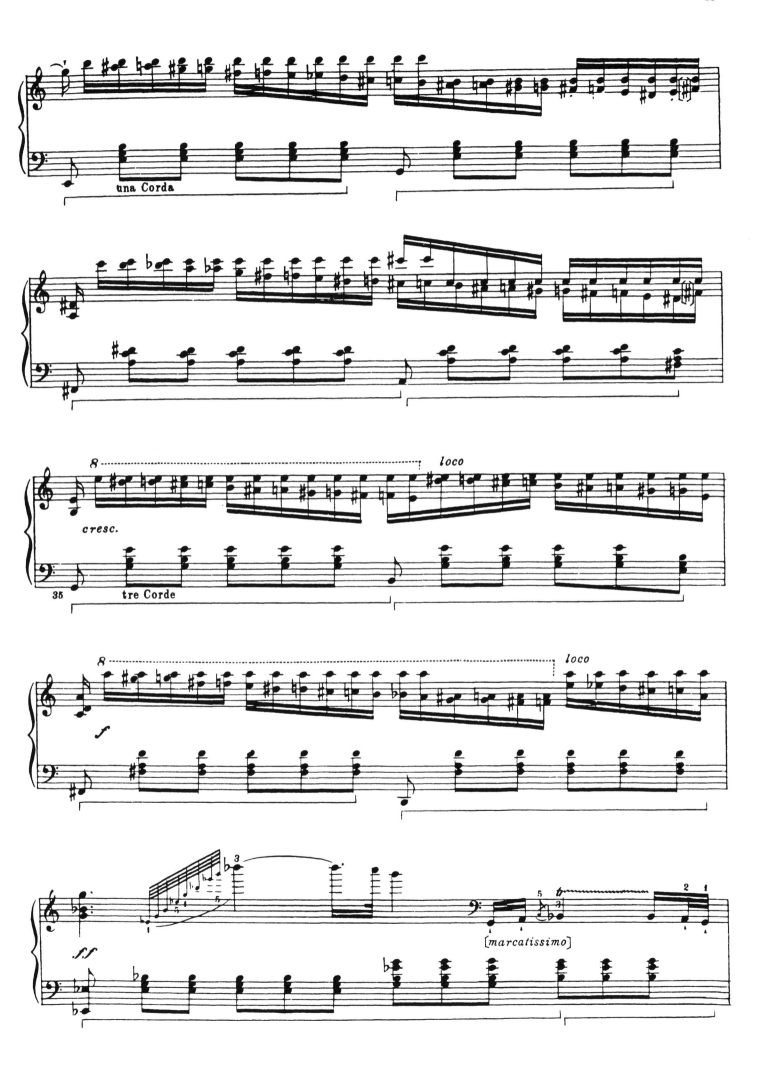

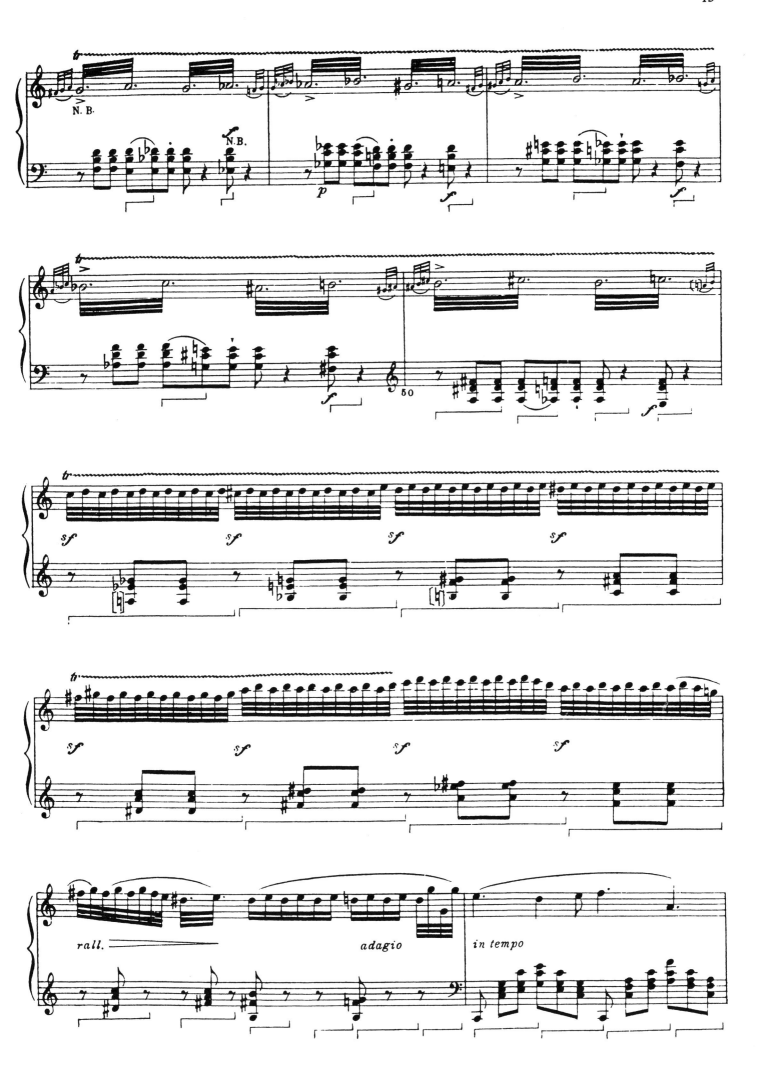

L' Innocence Italienne - La Candeur Francaise

Péchés de Vieillesse

Suit: *La Candeur Française*
Allegretto

Ouf! Les Petits Pois

Péché de Vieillesse

36

Une Caresse á ma Femme

Péché de Vieillesse

Allegretto moderatissimo

Un Petit Train de Plaisir

Comique - Imitatif

48

50

Ped. come prima

(Terrible deraillement du convoi)

(*Douleur aigue des heritiers*)
Allegro vivace

Spécimen de l' Ancien Regime

Péché de Vieillesse

62

Tarantelle pur Sang

(avec traversée de la Procession)
Péché de Vieillesse

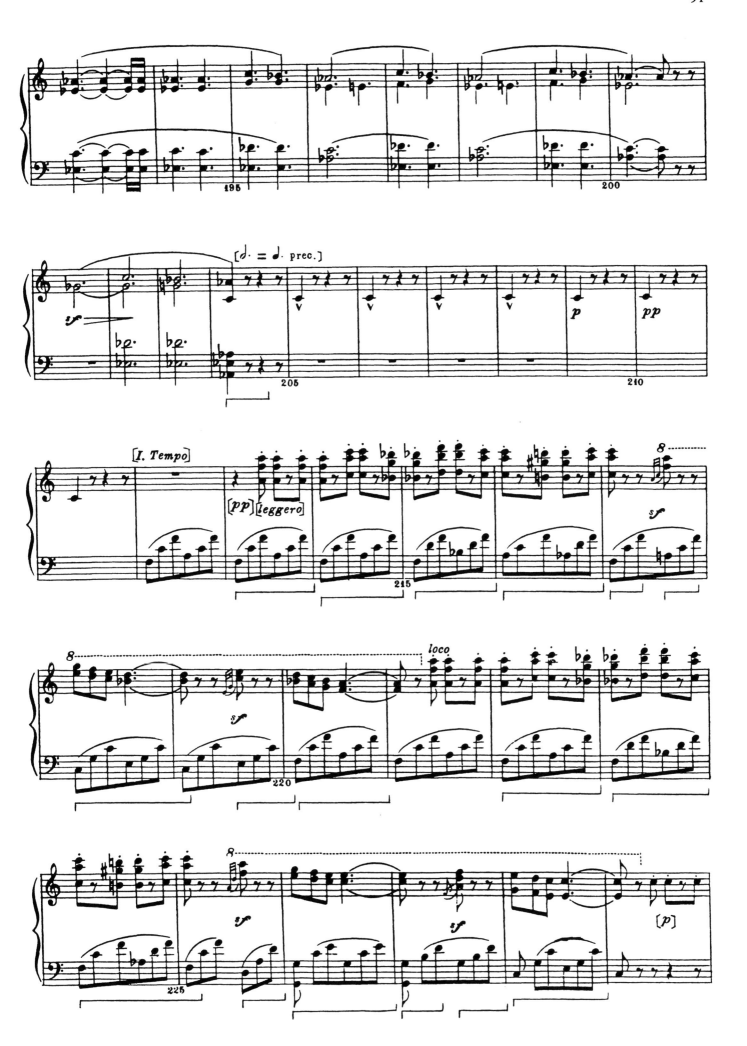

Retour de la Procession
(CLOCHETTE)

98

Échantillon du Chant de Noël à l' Italienne

Marche et Réminiscences
Pour Mon Denier Voyage

116